AF542337

LE BOURGEOIS GENTIL-HOMME,

Comedie-Ballet.

Dansé devant le Roy par l'Academie Royalle de Musique.

Le 21. Février 1691.

A PARIS,
Par CHRISTOPHE BALLARD, seul Imprimeur du Roy pour la Musique, ruë S. Jean de Beauvais, au Mont-Parnasse.

M. DC. XCI.

LE BOURGEOIS GENTIL-HOMME,

Comedie-Ballet.

Dansé devant le Roy par l'Academie Royalle de Musique.

L'OUVERTURE

Se fait par un grand assemblage d'Instrumens.

DANS LE PREMIER ACTE.

UN Eléve du Maistre de Musique compose sur une table un Air que le Bourgeois a demandé pour une Serenade.

L'Eléve de Musique, Monsieur Ribon.

Une Musicienne est priée de chanter l'Air qu'à composé l'Eléve.

La Musicienne, Mademoiselle Moreau l'aisnée.

Laquelle chante les parolles qui suivent.

JE languis nuit & jour, & mon mal est extréme
Depuis qu'à vos rigueurs vos beaux yeux m'ont soûmis,
Si vous traitez ainsi, belle Iris, qui vous ayme,
Helas! que pourrez-vous faire à vos ennemis?

Aprés avoir fait chanter cét Air au Bourgeois, on luy fait entendre dans un Dialogue un petit essay des diverses passions que peut exprimer la Musique. Il entre pour cela un Musicien.

Le Musicien, Monsieur Ribon.

DIALOGUE EN MUSIQUE.

Mademoiselle Moreau la cadette.

UN cœur dans l'amoureux empire
De mille soins est toûjours agité,
On dit qu'avec plaisir on languit, on soûpire;
Mais quoy qu'on puisse dire
Il n'est rien de si doux que nostre liberté.

Monsieur Boutelou.

Il n'est rien de si doux que les tendres ardeurs
Qui font vivre deux cœurs
Dans une mesme envie,
On ne peut estre heureux sans amoureux desirs,
Ostez l'amour de la vie
Vous en ostez les plaisirs.

Monsieur Tevenar.

Il seroit doux d'entrer sous l'amoureuse loy
Si l'on trouvoit en amour de la foy;
Mais, ô rigueur cruelle!
On ne voit point de Bergere fidelle,
Et ce sexe inconstant trop indigne du jour
Doit faire pour jamais renoncer à l'amour.

Monsieur Boutelou.

Aymable ardeur!

Mademoiselle Moreau l'aisnée.

Franchise heureuse!

Monsieur Tevenar.

Sexe trompeur!

Monsieur Boutelou.

Que tu m'est precieuse!

Mademoiselle Moreau l'aisnée.

Que tu plais à mon cœur!

Monsieur Tevenar.

Que tu me fais d'horreur!

Monſieur Boutelou.

Ah ! quitte pour aymer cette haine mortelle.

Mademoiſelle Moreau l'aiſnée.

On peut, on peut te monſtrer
Une Bergere fidelle.

Monſieur Tevenar.

Helas ! où la rencontrer ?

Mademoiſelle Moreau l'aiſnée.

Pour deffendre noſtre gloire
Je te veux donner mon cœur.

Monſieur Tevenar.

Mais, Bergere, puis-je croire
Qu'il ne ſera point trompeur ?

Mademoiſelle Moreau l'aiſnée.

Voyons par experience
Qui des deux aymera mieux.

Monſieur Tevenar.

Qui manquera de conſtance,
Le puiſſe perdre les Dieux.

Monſieur Boutelou & Mademoiſelle Moreau l'aiſnée.

A des ardeurs ſi belles
Laiſſons-nous enflammer.

Tous trois.

Ah ! qu'il eſt doux d'aymer
Quand deux cœurs ſont fidelles.

En ſuite de ce Dialogue le Maiſtre à dancer luy fait voir auſſi un petit eſſay des plus beaux mouvemens, & des plus belles attitudes dont une dance puiſſe eſtre variée.

Quatre danceurs.

Meſſieurs Dumirail, Germain, Bouteville & Poitier.

Un Maiſtre Tailleur luy vient apporter un habit, qu'il luy fait veſtir en cadence par ſix garçons Tailleurs.

Les ſix Garçons Tailleurs.

Meſſieurs Labé, Piſtot, Balon, Magny, Deshayes, & Deſnoyers le cadet.

Le Bourgeois eſtant habillé leur donne dequoy boire, & les Garçons Tailleurs s'en réjoüiſſent par une dance.

DANS LE SECOND ACTE.

Six Cuisiniers viennent mettre le couvert en dançant.

Les six Cuisiniers.

Messieurs Provost, Piquet, Magny, Balon, Deshayes & Desnoyers.

UNe femme de qualité vient disner chez le Bourgeois, qui pour la mieux regaler luy fait oüir à table quelques Chansons à boire, qui sont chantées par une Musicienne & deux Musiciens qu'il a fait venir.

Vne Musicienne, Mademoiselle Moreau la cadette.

Deux Musiciens, Messieurs Dun & Choplet.

PREMIERE CHANSON A BOIRE.

Messieurs Dun & Choplet.

UN petit doigt, Philis, pour commencer le tour,
Ah! qu'un verre en vos mains sont d'agreables armes!
Vous & le vin vous vous prestez des charmes,
Et je sens pour tous deux redoubler mon amour.
Entre luy, vous & moy, jurons, jurons, ma belle,
Vne ardeur éternelle.

Qu'en moüillant vostre bouche il en reçoit d'attraits,
Et que l'on voit par luy vostre bouche embellie;
Ah! l'un de l'autre ils me donnent envie,
Et de vous & de luy je m'enyvre à long traits.

Entre

Entre luy, vous & moy, jurons, jurons, ma belle,
Une ardeur éternelle.

SECONDE CHANSON A BOIRE.

Mademoiselle Moreau la cadette, & Monsieur Dun.

Buvons, chers amis, buvons,
Le temps qui fuit nous y convie;
Profitons de la vie
Autant que nous pouvons:
Quand on a passé l'onde noire,
Adieu le bon vin, nos amours,
Dépêchons-nous de boire,
On ne boit pas toûjours.

Laissons raisonner les sots
Sur le vray bon-heur de la vie,
Nostre Philosophie
Le met parmy les pots:
Les biens, le sçavoir, & la gloire
N'oste point les soucis fâcheux,
Et ce n'est qu'à bien boire
Que l'on peut estre heureux.

TOUS TROIS ENSEMBLE.

Sus, sus du Vin par tout, versez, garçons versez,
Versez, versez toûjours, tant qu'on vous dise, assez.

DANS LE TROISIE'ME ACTE.

LE Bourgeois qui veut donner sa fille au fils du Grand Turc, est annobly auparavant par une Ceremonie Turque, qui se fait en Dance, & en Musique.

Les Acteurs de la Ceremonie.

Un Mufti, representé par Monsieur Philbert.

Douze Turcs Musiciens assistans à la Ceremonie.

Messieurs Morel, Riviere, Lescuier, Desvoyes, Godechaut, Metru, Avril, Vaillant, Deschamps, Jolain, le Roy, & Huart.

Deux Dervis, dançans.

Messieurs Pecour, & Dumirail.

Six Turcs dançans.

Messieurs Germain, Boutteville, Deshayes, l'Abé, Poitier, & Pistot.

LE MUFTI invoque Mahomet avec les douze Turcs, & les quatre Dervis; aprés on luy amene le Bourgeois auquel il chante ces paroles.

Le Mufti.

SEti ſabir
Ti reſpondir,
Se non ſabir
Tazir tazir.

Miſtar Muſti
Ti quiſtar ti
Non entendir
Tazir tazir.

Le Mufti demande en meſme langue aux Turcs aſſiſtans de quelle Religion eſt le Bourgeois, & ils l'aſſûrent qu'il eſt Mahometan. Le Mufti invoque Mahomet en langue Franche, & chante les paroles qui ſuivent.

Le Mufti.

Mahametta per Giourdina
Mi pregar ſera é mattina
Voler far un paladina
Dé Giourdina, dé Giourdina,
Dar turbanta é edar ſcarcina
Con galera é brigantina
Per deffender Paleſtina.
Mahametta, &c.

Le Mufti demande aux Turcs ſi le Bourgeois ſera ferme dans la Religion Mahometane, & leur chante ces paroles.

Le Mufti.

Star bon Turca, Giourdina.

Les Turcs.

Hi valla.

Le Mufti.

Hu la ba ba la chou ba la ba ba la da.

Les Turcs, répondent les meſmes Vers.

Le Mufti propoſe de donner le Turban au Bourgeois, & chante les paroles qui ſuivent.

Le Mufti.

Ti non ſtar Furba.

Les Turcs.

No no no.

Le Mufti

Non ſtar furfanta.

Les Turcs.

No no no.

Le Mufti.

Donar Turbanta, donar Turbanta.

Les Turcs repetent tout ce qu'à dit le Mufti pour donner le Turban au Bourgeois. Le Mufti & les Dervis ſe coëffent avec des Turbans de ceremonies, & l'on preſente au Mufti l'Alcoran, qui fait une ſeconde invocation avec tout le reſte des Turcs aſſiſtans : Aprés ſon invocation il donne au Bourgeois l'épée & chante ces paroles.

Le Mufti.

Ti ſtar nobile é non ſtar fabbola
Pigliar ſchiabbola.

Les Turcs, repetent les meſmes Vers.

Le Mufti commande aux Turcs de baſtonner le Bourgeois, & chante les parolles qui ſuivent.

Le Mufti.

Dara dara
Baſtonnara, baſtonnara.

Les Turcs, repetent les meſmes Vers.

Le Mufti aprés l'avoir fait baſtonner luy dit en chantant.

Le Mufti.

Non tener honta
Queſta ſtar ultima affronta.

Les Turcs, repetent les meſmes Vers.

Le Mufti recommence une invocation, & se retire aprés la ceremonie avec tous les Turcs, en dançant & chantant avec plusieurs Instrumens à la Turque.

Toute la ceremonie est mélée en plusieurs endroits, tant du Mufti que des six Turcs dançans.

Le Bourgeois estant annobly donne sa fille en mariage au Fils du Grand Turc, & toute la Comedie finit par un petit Ballet qui avoit esté preparé.

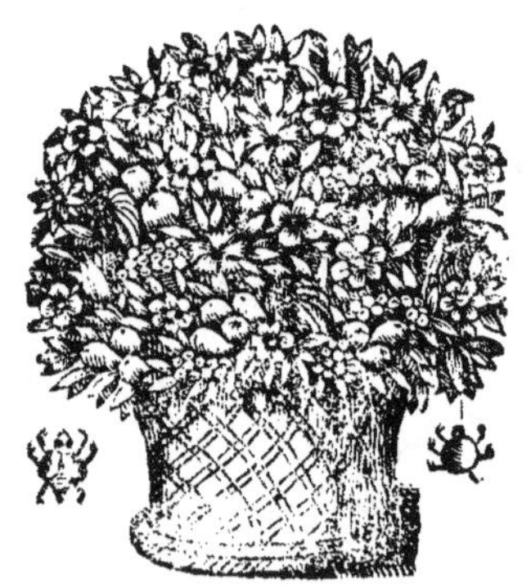

BALLET DES NATIONS.

PREMIERE ENTRE'E.

UN homme vient donner les Livres du Ballet, qui d'abord est fatigué par une multitude de gens de Provinces differentes qui crient en Musique pour en avoir, & par trois importuns qu'il trouve toûjours sous ses pas.

Le Donneur de Livres, Monsieur Pecour.

Spectateurs Musiciens.

Deux hommes du bel air, Messieurs le Duc, & Vaillant.

Deux femmes du bel air, Mademoiselle Coignard laisnée, & Mademoiselle Coignard la cadette.

Un Vieillard, Monsieur Desvoyes.

Une Vieille, Monsieur Boutelou.

Deux Gascons, Messieurs Choplet, & Avril.

Un Suisse, Monsieur Philbert.

DIALOGUE DES GENS qui en Musique demandent des Livres.

TOUS.

A Moy, Monsieur, à moy de grace, à moy, Monsieur,
Un Livre, s'il vous plaist, à vostre serviteur.

Homme du bel air.

Monsieur, distinguez-nous parmy les gens qui crient,
Quelques Livres icy, les Dames vous en prient.

Autre Homme du bel air.

Hola Monsieur, Monsieur, ayez la charité
D'en jetter de nostre costé.

Femme du bel air.

Mon Dieu qu'aux personnes bien faites
On sçait peu rendre honneur ceans.

Autre Femme du bel air.

Ils n'ont des Livres & des Bancs
Que pour Mesdames les Grisettes.

Gascon.

Aho l'homme aux Libres, qu'on m'en vaille,
J'ay déja le poumon usé,
Bous boyez que chacun me raille,

Et

Et je ſuis eſcandaliſé
De boir és mains de la cannaille
Cé qui m'eſt par bous refuſé.

Autre Gaſcon.

Eh cadedis, Monſeu, boyez qui l'on pût eſtre,
Un Libret, jé bous prie, au Varon d'Aſbarat,
Jé penſe, mordy, que lé fat
N'a pas l'honnur dé mé connaiſtre.

Le Suiſſe.

Mon'-ſieur le donneur de papeir,
Que veul dir ſty façon de fifre?
Moy l'écorchair tout mon gozieir
A crier,
Sans que je pouvre afoir ein lifre;
Pardy, mon foy, Mon'-ſieur, je penſe fous l'eſtre ifre.

Vieux Bourgeois babillard.

De tout cecy franc & net
Je ſuis mal ſatisfait,
Et cela ſans doute eſt laid
Que noſtre fille,
Si bien faite & ſi gentille,
De tant d'amoureux l'objet,
N'ait pas à ſon ſouhait
Un Livre de Ballet
Pour lire le ſujet

Du divertiſſement qu'on fait,
Et que toute noſtre famille
Si proprement s'abille
Pour eſtre placée au ſommet
De la Salle, où l'on met
Les gens de l'entriguet:
De tout cecy franc & net
Je ſuis mal ſatisfait,
Et cela ſans doute eſt laid.

Vieille Bourgeoiſe babillarde.

Il eſt vray que c'eſt une honte,
Le ſang au viſage me monte,
Et ce jetteur de Vers qui manque au capital
L'entend fort mal,
C'eſt un brutal,
Un vray cheval,
Franc animal,
De faire ſi peu de conte
D'une Fille qui fait l'ornement principal
Du quartier du Palais Royal;
Et que ces jours paſſez un Comte
Fut prendre la premiere au Bal:
Il l'entend mal,
C'eſt un brutal,
Un vray cheval,
Franc animal.

Hommes, & Femmes du bel air.

Ah quel bruit!
Quel fracas!
Quel cahos!
Quel mélange!
Quelle confuſion!
Quelle cohuë étrange!
Quel deſordre!
Quel embarras!
On y ſeiche,
L'on n'y tient pas.

Gaſcon.

Bentre jé ſuis à vout.

Autre Gaſcon.

J'enrage, Dieu me damne.

Suiſſe.

Ah qui ly faire ſoif dans ſty ſal de cians.

Gaſcon.

Je murs.

Autre Gaſcon.

Jé pers la tramontane.

Suiſſe.

Mon foy moy le foudrois eſtre hors de dedans.

Vieux Bourgeois babillard.

Allons ma mie,
Suivez mes pas,

Je vous en prie,
Et ne me quittez-pas,
On fait de nous trop peu de cas,
Et je ſuis las
De ce tracas,
Tout ce fatras
Cét embarras,
Me peſe par trop ſur les bras,
S'il me prend jamais envie
De retourner de ma vie
A Ballet ny Comedie,
Je veux bien qu'on m'eſtropie:
Allons ma mie,
Suivez mes pas,
Je vous en prie,
Et ne me quittez pas,
Ont fait de nous trop peu de cas.

Vieille Bourgeoiſe babillarde.

Allons mon mignon, mon fils,
Regagnons noſtre logis,
Et ſortons de ce taudis
Où l'on ne peut eſtre aſſis;
Ils ſeront bien ébobis
Quand ils nous verront partis:
Trop de confuſion regne dans cette Salle
Et j'aymerois mieux eſtre au milieu de la Halle:

Si jamais je reviens à ſemblable regale,
Je veux bien recevoir des ſoufflets plus de ſix:
Allons mon mignon, mon fils,
Regagnons noſtre logis,
Et ſortons de ce taudis
Où l'on ne peut eſtre aſſis.

TOUS.

A moy, Monſieur, à moy de grace, à moy, Monſieur,
Un Livre, s'il vous plaiſt, à voſtre ſerviteur.

SECONDE ENTRE'E.

Quatre Importuns.

Meſſieurs L'Abé, Poitier, Piſtot, & Balon.

TROISIE'ME ENTRE'E.

Trois Eſpagnols chantans.

Meſſieurs Ribon, Choplet, & Moreau.

Se que me muero de amor
Y ſolicito el dolor.

A un muriendo de querer
De tambuen ayre adolezco
Que es mas de loque padezco
Loque quiero padecer
Y no pupiendo exceder
Amidesce el rigor.

Se que me muero de amor
Y solicito el dolor.
Lisonsicame la suerté
Con piedad tan advertida,
Que mé assegura lavida
En el riesgo de la muerté
Vivir de Lugolpe fuerte
Es de mi salud primor.

Se que, &c.

Cinq Espagnols dançans.

Monsieur Lestang seul.

Messieurs Germain, Dumirail L'Abé, Magny

Une Espagnolle dançante.

Mademoiselle de la Fontaine.

Deux Musiciens Espagnols.

Monsieur Moreau *Espagnol chantant.*

Ay que locura contanto rigor
Quexarse deamor
Del nino bonito
Que toto es dulçura
Ay que locura,
Ay que locura.

Monsieur Choplet *Espagnol chantant.*

El dolor sòlicita,
El que al dolor se da
Y nadie deamor muere
Sino quien no save amar.

Messieurs Choplet, & Moreau, ensemble.

Dulce muerte es el amor
Con correspondencia ygual,
Y si esta gozamos o,
Porque la quieres turbar?

Monsieur Moreau, seul.

Alegrese Enamorado
Y tome mi parecer
Que en esto dequerer
Toto es allar el vado.

Tous trois ensemble.

Vaya, vaya de fiestas,
Vaya de vayle,
Alegria, alegria, alegria,
Questo de dolor es fantasia.

QUATRIE'ME ENTRE'E.

ITALIENS.

UNe Muſicienne Italienne fait le premier Recit, dont voicy les paroles.

La Muſicienne Italienne.

Mademoiſelle Rochoix.

DI rigori armata il ſeno
Contro amor mi ribellai,
Ma fui vinta in un baleno
In mirar duo vaghi rai,
Ahi che reſiste puoco
Cor di gelo a stral di fuoco.

Ma ſi caro é l mio tormento
Dolce é ſi la piaga mia,
Ch' il penare é l mio contento,
E l' ſanarmi é tirania.
Ahi che più giova, é piace
Quanto amor é più vivace.

Aprés l'Air que la Muſicienne a chanté, quatre Scaramouches, quatre Trivelains, & un Arlequin, repreſentent une nuit à la maniere des Italiens en cadence.

Les

Quatre Scaramouches.

Meſſieurs Deshayes, Deſnoyers, Provoſt & Piquet.

Quatre Trivelins.

Meſſieurs Bouteville, Poitier, Lamontagne & Piſtot.

Trois Scaramouchettes.

Meſdemoiſelles Subligny, Carré & le Sueur.

Un Muſicien Italien ſe joint à la Muſicienne Italienne, & chante avec elle les parolles qui ſuivent.

Le Muſicien Italien.

Monſieur Tevenar.

Bel tempo che vola
Rapiſcé il contento,
D'amor ne la ſcola
Si coglie il momento.

Mademoiſelle Rochoix.

Inſin che florida
Ride l'eta
Che pur tropp'horrida
Da noi ſen và.

Tous deux.

Sù cantiamo,
Sù godiamo,
Nebei di, di giouentù:
Per duto ben non ſi racquiſta più.

Monsieur Tevenar.

Pupilla che vaga
Mill' alme in catena
Fà dolce la piaga
Felice la pena.

Mademoiselle Rochoix.

Ma poiche frigida
Langue l'età,
Piu l'alma rigida
Fiamme non hà.

Tous les deux.

Sù cantiamo, &c.

Aprés le Dialogue Italien, les Scaramouches, les Scaramouchettes & les Trivelins dancent une réjoüissance.

CINQUIESME ENTRE'E.

François.

UNe Poitevine & deux Poitevins, chantent les paroles qui suivent.

Vne Poitevine chantante.

Mademoiselle Moreau la cadette.

Deux Poitevins chantans.

Messieurs Choplet & Vaillant.

Quatre Poitevins dançans.

Messieurs Lestang, Dumirail, Germain & Magny.

Quatre Poitevines dançantes.

Mesdemoiselles la Fontaine, Breart, Potenot & Pesan.

MENUETS.

PREMIER MENUET.

Chanté par Monſieur Choplet.

AH! qu'il fait beau dans ces boccages,
Ah! que le Ciel donne un beau jour.

Mademoiſelle Moreau la cadette.

Le Roſſignol, ſous ces tendres feüillages
Chante aux Echos leur doux retour:

Enſemble.

Ce beau ſejour,
Ces doux ramages,
Ce beau ſejour
Nous invite à l'amour.

SECOND MENUET.

Meſſieurs Choplet, & Vaillant.

VOy ma Climene,
Voy ſous ce cheſne
S'entre-baiſer ces oyſeaux amoureux;
Ils n'ont rien dans leurs vœux
Qui les geſne,
De leurs doux feux
Leur ame eſt pleine;
Qu'ils ſont heureux!
Nous pouvons tous deux,
Si tu le veux,
Eſtre comme eux.

Huit autres François viennent aprés vestus galamment à la Poitevine, quatre en hommes, & quatre en femmes.

Quatre Poitevins dançans.

Messieurs Lestang, Dumirail, Germain & Magny.

Quatre Poitevines dançantes.

Mesdemoiselles la Fontaine, Pesan, Potenot & Breard.

SIXIESME ENTRE'E.

TOut cela finit par le mélange des trois Nations, & les aplaudissemens en dance, & en Musique de toute l'assistance, qui chante les deux Vers qui suivent.

Quels Spectacles charmans, quels plaisirs goûtons-nous,
Les Dieux mesmes, les Dieux n'en ont point de plus doux.

FIN.

www.ingramcontent.com/pod-product-compliance
Lightning Source LLC
LaVergne TN
LVHW010012230826
846092LV00002B/781

* 9 7 8 2 3 2 9 6 4 7 1 5 9 *